Deutschland in alten Ansichtskarten

Pommern

# Pommern
## in alten Ansichtskarten

Herausgegeben von
Klaus Granzow

FLECHSIG VERLAG FRANKFURT AM MAIN

Umschlagmotiv: Ostseebad Binz auf Rügen, Kurhaus mit Strand


Gesamtherstellung: Universitätsdruckerei H. Stürtz AG, Würzburg
Printed in Germany
ISBN 3 88189 108 0

# Vorwort

„Als Herr Ermenrich sich auf die Erde hinabsinken ließ und anhielt, war es dem Jungen, als sei erst eine unbegreiflich kurze Zeit vergangen; und doch hatte der Storch einen ganz bedeutenden Weg zurückgelegt, denn in demselben Augenblick, wo er den Jungen auf die Erde setzte, sagte er: „Dies ist Pommern. Jetzt bist Du in Deutschland, Däumling."
So beginnt die schwedische Dichterin Selma Lagerlöf ihre Erzählung von Vineta, der versunkenen Stadt am Meer. Sie läßt den kleinen Niels Holgersson auf seiner Reise mit den Wildgänsen die Schönheit einer pommerschen Stadt erleben und zugleich werden auch vor dem Leser Land und Leute wieder lebendig, die den heute schon fast exotisch klingenden Namen Pommern tragen, was heißt: am Meer gelegen.
Doch wie war das eigentlich im alten Pommernland? Erinnern wir uns noch daran? Natürlich erinnern wir uns. Wer könnte je die Stätten seiner Kindheit und Jugendzeit vergessen. Doch manchmal verblassen die Bilder, Zweifel kommen, besonders dann, wenn man diesen Stätten wiederbegegnet und erschüttert die Veränderungen an Häusern und Höfen, in Straßen, Dörfern und Städten wahrnimmt. Dann möchte man immer wieder ausrufen: „So war es nicht, das alte Pommern!" und die Bilder von einst heraufbeschwören. Wie gut, daß es als Stützen der Erinnerung Bilder, Photos und besonders diese alten Ansichtskarten gibt, die noch heute Zeugnis ablegen von der Schönheit des Landes, der romantischen Verträumtheit seiner Dörfer und der hansischen Schönheit seiner Städte.
Doch welche Auswahl soll man treffen aus dem großen Angebot des vorliegenden Materials, denn Pommern hatte einmal 93 Städte und über 5 000 Dörfer, dazu die vielen Ostseebäder, die sich wie Perlen an einer langen Schnur aneinanderreihten, vom Darß, dem Urwaldland zwischen Meer und Bodden im Westen über die weißleuchtenden Kreidefelsen auf Rügen im Norden bis zur majestätischen Großartigkeit der Wanderdünen bei Leba im Osten. Strah-

lender Mittelpunkt dieser Kette waren Swinemünde und Misdroy, Heringsdorf und Bansin, Ahlbeck, Koserow, Zinnowitz, Dievenow und Heidebrink.
In den stillen und verträumten Fischerdörfern lebten bekannte Maler, die diese einzigartige Harmonie zwischen Meer, Land und Himmel in ihren Bildern einfingen: die Sonnenstrahlen tanzen auf dem tiefblauen Meer und dem blendendweißen Strand, flimmern durch die bläulich schimmernden Buchen- und Kiefernwälder, verfangen sich in den schaumgekrönten Wellen und prallen zurück gegen die hohen Wolkenberge, die sich vor dem strahlend blauen Himmel türmen.
Caspar David Friedrich diente diese Küste als Vorlage für den Ausdruck eines tiefen Gefühls. Er versuchte, sie immer wieder in seinen Gemälden festzuhalten. In Hiddensee hat Gerhart Hauptmann ähnliches empfunden: „Diese Klarheit! Dieses mächtige und stumme Strömen des Lichts! Dann die Freiheit im Wandern über die pfadlose Grastafel. Dazu der Salzgeschmack auf den Lippen. Das geradezu bis zu Tränen erschütternde Brausen der See!“ Ernst Moritz Arndt schrieb in seinem Gedicht „Heimweh nach Rügen“, in dem er sein „Eiland, lieb und grün“ besingt:
„O Land der dunklen Haine, o Glanz der blauen See, o Eiland, das ich meine, wie tut's nach dir mir weh ...!“
In volkstümlicher Art empfand es Martha Müller-Grählert, die aus Heimweh nach der Halbinsel Zingst im fernen Japan ihr später so populär gewordenes „Ostseelied“ schrieb:
„Wo de Ostseewellen trecken an den Strand,
wo de gäle Ginster bleucht in'n Dünensand,
wo de Möven schriegen grell in't Stormgebrus:
dor is mine Heimat, dor bün ick to Hus!“
Vom Wohlstand und Reichtum ihrer Bürger künden die backsteinroten Giebelhäuser, die breitbrüstigen Kirchen und Dome und die prunkvollen Rathäuser in den Städten Pommerns. Ausdruck mittelalterlicher Wehrhaftigkeit und hansischer Macht sind die trutzigen Tore und die reichen Patrizierhäuser an den geräumigen Marktplätzen. Man möchte sie alle beschreiben, diese traulichen Land- und Kreisstädte: das elegante Stolp, das uralte Gollnow, Arnswalde mit seinem eindrucksvollen Panorama, Kolberg, die

alte Salzstadt der Hanse, Greifswald, die Stadt der Gelehrsamkeit mit der Universität von 1456, Stralsund mit der prunkvollen Schauwand des Rathauses, Bütow mit seiner alten Ordensburg und Cammin, die Bischofsstadt mit der feierlichen Schönheit des gotischen Kreuzganges im Dom, Köslin, Dramburg, Schneidemühl, Anklam, Lauenburg, Belgard, Schlawe, Stargard und Pyritz, das man das „pommersche Rothenburg" nannte. Man möchte ihre Straßen durchwandern, sich an ihrer Schönheit erfreuen und in ihre Häuser eintreten und wird geradeso empfinden wie Theodor Fontane, als er in sein Elternhaus in Swinemünde kam:

„Dabei quietschten die rostigen Haken, und alles drohte zusammenzubrechen; aber das gerade war die Lust, denn es erfüllte mich mit dem wonnigen und allein das Leben bedeutenden Gefühl: Dich trägt Dein Glück!"

Pommern, das Land am Meer, hatte eine wechselvolle Geschichte. In der Zeit zwischen 1120 und 1350 vollzog sich die Eindeutschung von Land und Menschen. Im Jahre 1181 wurde der Greifenherzog Bogislaw I. durch Kaiser Friedrich I. mit Pommern belehnt und das Land damit staatsrechtlich in das Deutsche Reich eingegliedert sowie die pommerschen Herzöge in den Reichsstand erhoben. Menschen aus allen Teilen Deutschlands zogen ins Land, aus Niedersachsen, Schleswig-Holstein, Westfalen, vom Rhein, aus Thüringen, Schwaben, der Pfalz und dem Frankenlande. Sie vermischten sich mit den Wenden, Pomoranen und Kaschuben, den Luitizen und Ranen. Bei solchem Durch- und Nebeneinander hätte man eigentlich annehmen müssen, daß die Bevölkerung ein Gemisch bildete, das keinerlei Einheitlichkeit aufzuweisen hatte, da die Eigenart der einen gegen die der anderen Gruppe stand.

Aber es geschah das nicht zu Erwartende: es bildete sich ein neuer deutscher Volksstamm, der sich stolz und selbstbewußt „die Pommern" nannte, wenn auch in den Dorf- und Hausformen, in Brauchtum und Lebensweise oft noch die alte Heimat der Siedler zu erkennen war. Unter den preußischen Königen empfanden die Menschen ihre pommersche Abstammung und Zugehörigkeit besonders stark, denn der Soldatenkönig und Friedrich der Große liebten ihre getreuen Untertanen sehr.

Der alte Fritz urteilte über sie:
„Die Pommern sind von natürlicher Offenheit. Verschmitztheit und Gerissenheit liegen ihnen nicht. Der kleine Mann ist mißtrauisch und dickköpfig, auch wohl selbstsüchtig, aber weder grausam noch heftig, und die Sitten sind sanft, so daß hier keine Strenge am Platze ist. Die Pommern haben einen geraden und schlichten Sinn … sie geben gute Offiziere, verläßliche Soldaten ab."
Das pommersche Volk besaß stets die Zuneigung der preußischen Könige, die sich bemühten, durch kluge Verwaltungsmaßnahmen und Urbarmachung von Mooren und Sümpfen den Menschen einen besseren Lebensstandard zu geben. Ihre Städte bekamen ein preußisches Gepräge, wie man es auf diesen alten Ansichtskarten noch erkennen kann.

Die Ansichtskarten dieses Bandes stammen aus den Sammlungen von Heinz Csallner, Richard Meinel, Manfred Vollack, dem Stralsundarchiv von Peter Bullemer, den Archiven der Pommerschen Zeitung und des Pommerschen Buchversandes sowie aus meiner eigenen Sammlung. Verlag und Herausgeber danken allen sehr herzlich, die zum Gelingen dieses Buches beigetragen haben.
Allen, die diese alten Ansichtskarten mit eigenen Erinnerungen vergleichen, sei zum Schluß ein Wort von Caspar David Friedrich empfohlen: „Schließe dein leibliches Auge, damit du mit dem geistigen Auge zuerst siehest dein Bild."

Klaus Granzow

# Bildverzeichnis

Ahlbeck. Viele Grüße „von dieser Landungsbrücke bei herrlichem Wellenschlag“ erhielt ein geehrtes Fräulein in Berlin am 14. Juli 1899. Nicht umsonst seufzt im „Weißen Rössel“ der alte Giesecke: „Wär' ick doch lieber nach Ahlbeck jefahr'n!“

Ahrenshoop. Das verträumte Fischerdorf mit dem Urwaldparadies auf der Halbinsel Darß hat sich zu einem reizvollen Badeort entwickelt, von dem Dichter, Maler und Naturfreunde schwärmen.

Alt-Prerow. Weithingestreckt in einer Garten-, Wald- und Dünenlandschaft liegt das Ostseebad Prerow auf der Halbinsel Darß. Die abwechslungsreichen, urwüchsigen Motive lockten viele Maler in dieses Künstlerparadies.

Anklam, Markt mit Nicolaikirche. 81

Anklam, Steintor

Anklam. Nahe der Einmündung der Peene in das Stettiner Haff liegt die alte Kreisstadt, überragt vom 100 m hohen Turm der Nicolaikirche aus dem 14. Jahrhundert und dem von Fialen gekrönten Steintor.

Arcona auf Rügen, die nördlichste Spitze der Insel Rügen, von der Gerhart Hauptmann schrieb:
„Meerumschlungen und weidegrün, märchendurchklungen und heldenkühn, Herden im Hage, reifendes Feld, flüsternde Sage, Lug in die Welt!“

Bahn. Im 15. Jahrhundert erlangte das Städtchen weltweite Berühmtheit, als im „Bahner Passionsspiel“ mehrere Darsteller im Streit erschlagen wurden. Es liegt an dem Flüßchen Thue, von dem es heißt: „Es ruft dir zu. Was du tun willst, das tue du!“

Bansin. Aus der „Villa Frohsinn“ ist diese Karte mit Blick auf Strandpromenade mit Familien- und Herrenbad abgeschickt worden, wo man „genußreiche Badefreuden“ erlebte. Ausflüge führten zum Langenberg mit Adlerhorst und dem alten Kloster Pudagla.

Barth. Das Bier der einheimischen Brauereien wurde einst bis Marseille und Nowgorod ausgeführt. In der „Fürstlichen Druckerei" entstand 1588 die berühmte erste niederdeutsche „Barther Bibel".

Belgard. Die alte Salzstraße von Kolberg nach Posen führte durch das Hohe Tor der Stadt, die bereits 1299 lübisches Stadtrecht erhielt und Mitglied der Hanse wurde.

Vom Ostseebad Binz auf Rügen gibt es so viele schöne alte Ansichtskarten, daß die Auswahl schwer zu treffen war. Hier das Kurhaus mit Strand, an dem sich viele Badegäste aus aller Welt vergnügten.

Binz auf Rügen war ein ideales Urlaubsparadies. Es gab nicht nur unbeschwerte Badefreuden am Strand, man konnte auch von der Brücke aus Dampferfahrten auf die Ostsee unternehmen oder durch die buchenbedeckte Bergwelt der Granitz wandern.

Bütow. Die trutzige Ordensburg mit ihren gewaltigen Rundtürmen überragt die Stadt, die 1346 nach kulmischem Recht gegründet wurde. Am 13. 8. 1906 erhielt Fräulein Fell in Aachen diese Karte.

Bublitz. Das freundliche Landstädtchen erhielt im Jahre 1340 vom Bischof von Cammin das lübische Stadtrecht. Es war von fruchtbaren Wiesen und zahlreichen Wäldern in einer reizvollen Landschaft umgeben.

Cammin. Das Rathaus am Marktplatz der alten pommerschen Hansestadt zeigt etwas vom Glanz vergangener Tage, als Cammin Bischofssitz war und sein altehrwürdiger Dom aus dem Jahre 1175 Wahrzeichen der Stadt wurde.

Cammin blühte als Hansestadt durch Handel und Schiffbau auf und erwarb sich später einen Ruf als Heilbad:
„Die Stadt des Moores und des Sol!“

Bergen auf Rügen. – Vom Arndt-Turm auf dem Rugard sieht man weit in das Land hinein auf die schönste und größte Insel Deutschlands.

Demmin. Die schöne und imposante Bartholomäuskirche mit dem über 90 m hohen Turm überragt die Stadt.

Dtsch Krone                Königstrasse

Deutsch Krone. – Die Stadt war Mittelpunkt eines mit über 200 Seen und endlosen Wäldern bedeckten Kreises, in dem Hermann Löns seine Kindheit verlebte und später aus Heimweh schrieb: „Für einen Abend am Radaunensee gäb ich den Rhein mit seinen goldenen Wogen.“

Dievenow. – Am östlichen Oderarm Dievenow entwickelten sich die Ostseebäder Berg-, Ost-, Klein- und Walddievenow, die voll malerischer Schönheit zwischen Meer und Camminer Bodden liegen.

Dramburg, gegründet 1297, war eine alte Wollweberstadt und ein Stapelplatz für Kolberger Salz, das von hier aus auf der Drage abwärts verschifft wurde. Auf dieser Karte vom 31. 5. 1908 gibt Onkel Erich seinem Neffen den Rat: „Sei immer gut und gehorsam!"

Falkenburg im Kreis Dramburg war eine „Stadt der guten Tuche“, deren Burg 1250 von den Tempelrittern am Zusammenfluß von Drage und Vansow angelegt wurde.

Fiddichow, am Steilufer der Oder nach Süden gelegen, war ein reizvolles Städtchen mit terrassenförmig aufgebauten Fachwerkhäusern. Der Absender fügt hinter dem Namen seiner Braut Lieschen Friedrich ein „Wohlgeboren" hinzu.

Flatow, 1772 zu Preußen und kurz vor dem Zweiten Weltkrieg zu Pommern gekommen, hat ein typisches Grenzlandschicksal zwischen Polen und Deutschland gehabt, das zu einer Jahrhunderte währenden friedlichen Zeit guter nachbarschaftlicher Zusammenarbeit führte.

Gartz an der Oder war als Grenzfeste zwischen Pommern und der Mark viel umstritten. Die Stephanskirche aus dem 13. Jahrhundert, das Stettiner Tor und ein Teil der alten Stadtmauer mit dem Wartturm „Blauer Hut“ sind noch heute erhalten.

Göhren auf der Halbinsel Mönchgut auf Rügen, berühmt als Badeort und als Heimat der Mönchguter Fischertracht. „Es ist hier fein und idyllisch schön", schreibt Minna am 19. 6. 1903 nach Hamburg.

Gollnow an der Ihna war einst stolze Hansestadt, später ließ Friedrich II. den Fluß regulieren. Die Katharinenkirche stammt aus dem 15. Jahrhundert. Das Stadtrecht erhielt Gollnow bereits 1268 vom pommerschen Herzog.

Granitz, das Jagdschloß auf Rügen, wurde nach einem Entwurf von Schinkel von 1836 bis 1840 erbaut. Vom Mittelturm aus hat man eine unübertreffliche Fernsicht auf die Insel und über die Ostsee bis zur pommerschen Festlandküste.

Greifenberg i. P. — Regabrücke

Greifenberg, 1262 gegründet, hat sich in dem Hohen Tor und im Pulverturm Ziegelbauten aus dem 15. Jahrhundert bewahrt. Die Marienkirche aus dem 14. Jahrhundert ist eine der eindrucksvollsten Sakralbauten Pommerns.

Greifenhagen mit der schön geschwungenen Oderbrücke, am Ostarm des Stromes gelegen, wurde als „Gryphenhaghen“ 1254 von Herzog Barnim I. gegründet. Die „Keilpantoffeln“ aus Greifenhagen waren auf den Märkten der nahen Großstadt Stettin sehr begehrt.

Greifswald, die Stadt der Gelehrsamkeit, war Deutschlands geistiges Tor zum Norden, dank seiner Universität, die bereits 1456 gegründet wurde. Viele Studentengenerationen empfingen im „lieben, alten Gryps“ ihr geistiges Rüstzeug.

Greifswald. – Vom Wohlstand der alten Hansestadt künden noch heute die gotischen Giebelhäuser am Markt.

Greifswald. – „Langer Nikolaus“ nannte man den schlanken Nicolaiturm. Der Absender unterzeichnete am 8.8.1899: „Ein Student aus G“.

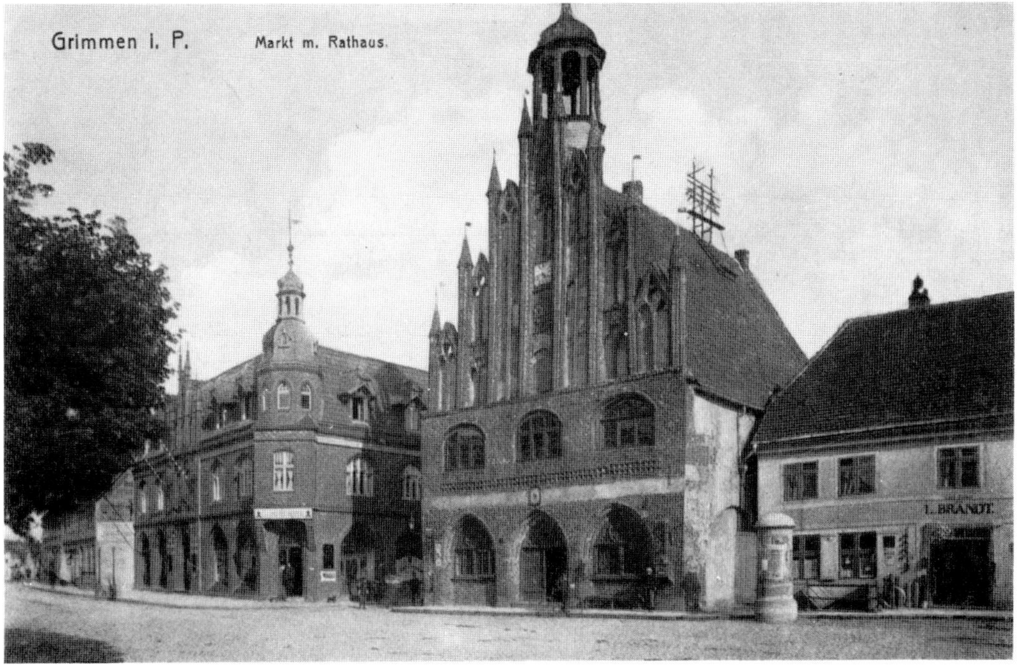


Grimmen wurde von Dänen, Mecklenburgern und Pommern hart umkämpft bis es 1306 Stadtrecht erhielt. Glanzstück der Stadt ist das Rathaus, ein gotischer Backsteinbau mit reich gegliedertem Ziergiebel.

In Groß-Schoritz auf Rügen wurde der Sänger der Freiheitskriege Ernst Moritz Arndt geboren, der aus dem fernen Bonn schrieb: „Mein trautes Ländchen Rügen, wie mahnst du mich so sehr!"

Heringsdorf, das elegante Ostseebad auf Usedom, hatte sowohl großstädtischen Badebetrieb als auch stille Waldwanderwege hinter den Dünen und war somit ein ideales Urlaubsparadies.

Hiddensee. Gerhart Hauptmann über die Insel: „Diese Klarheit! Dieses stumme und mächtige Strömen des Lichts … Das geradezu bis zu Tränen erschütternde Brausen der See, dieses satte, strahlende Maestoso, womit sie ihre Brandungen ausrollen läßt.“

Vitte auf Hiddensee liegt von der Ostsee her gesehen „unter der Kimm", denn wie ein schmales Schild schützt sie die Insel Rügen. Maler und Dichter priesen die einzigartige Schönheit des „söten Lännekens" und wählten Hiddensee als Urlaubs- und Wohnort.

Kallies liegt idyllisch zwischen drei Seen und waldigen Höhen. Den Turm der Stadtkirche ließ Friedrich der Große nach dem Vorbild der Potsdamer Garnisonkirche erbauen.

Köslin, die alte bischöfliche Residenz mit der Marienkirche von 1333, wurde im Jahre 1718 durch einen Brand zerstört. 1945 wurden die Häuser am Markt wiederum vernichtet, so ist diese Karte von historischem Wert.

Kolberg. – Viele Ferien- und Kurgäste besuchten die größte Stadt an der pommerschen Küste, wo man am prächtigen Strandschloß und dem langen Seesteg nicht nur herrlich baden, sondern die wunderbare Heilwirkung der 20 Solquellen genießen konnte.

Kolberg, die „Salzstadt des Ostens“ gewann Macht und Glanz in der Hansezeit und erstritt sich geschichtlichen Ruhm, als sich die Festung im siebenjährigen Krieg mehrfach erfolgreich gegen die Russen und 1807 lange gegen Napoleon verteidigte.

Kolberg mit Kaiserplatz und Mariendom, dessen breitbrüstige Turmfront wie eine Landmarke für die Fischer über See und Stadt leuchtete. Der frühgotische Ziegelbau war reich an Wandmalereien, Schnitzaltären und Bronzearbeiten.

Kreuz an der Drage war ein wichtiger Eisenbahnknotenpunkt am Schnittpunkt der Linien Berlin–Königsberg und Stettin–Posen. Auf dieser Feldpostkarte vermelden zwei Soldaten, daß sie hier im Bahnhofsrestaurant fetten Speck gegessen haben.

Labes war eine alte Schuhmacherstadt, in der die beliebten Holzpantoffeln hergestellt wurden. Deshalb nannte man sie spöttisch „Schlurr-Labs". An der Rega gab es zudem Loh- und Walkmühlen und Raschmachereien (Kammgarngewebe).

Lauenburg war die Perle des „Blauen Ländchens". 1341 verlieh der Deutsche Ritterorden der Siedlung Lewinburg Stadtrecht. Über die Stadt der vier Türme ragte als fünfter der Bismarckturm auf der Wilhelmshöhe, von dem aus man weit in das Tal der Leba schaute.

Loitz an der Peene ist eine der ältesten Städte Pommerns. Die Marienkirche wurde bereits um 1210 erbaut. Die „Lötzer“ fühlen sich wohl in ihrer Stadt und sagen deshalb von sich und ihrer Nachbarstadt: „In Grimmen, da will's nicht stimmen; aber in Lötz, da geht's!“

Massow, auf einem Hügel an der Stepenitz gelegen, hatte einen Wahlspruch, der von dem besonderen Charakter ihrer Bewohner viel aussagt: „Massow, dat was so; dat is so, dat bliwt so!“

Misdroy zog viele Feriengäste an, besonders Künstler aus der Reichshauptstadt. Es hatte einen mondänen Badebetrieb. Beliebte Ausflugsziele waren der Kaffeeberg, die Steilküste an der Huck und der Gosanberg (95 m). Meta Nickel schrieb am 16. 7. 1899: „Habe hier gebadet, es war reizend."

Naugard. Die trutzig-wehrhafte Marienkirche aus dem 15. Jahrhundert und das alte Rathaus beherrschten das Bild der Stadt.

Neustettin. Vom Kreishaus und der Kirche aus schaut man auf den lieblichen Streitzigsee mit seinen prächtigen Uferanlagen.

Neustettin, die Stadt zwischen Wasser und Wald, galt als „Perle Ostpommerns“. Von zauberisch unberührter Schönheit waren die über 50 Seen im Umkreis. Eine stille Heiterkeit zeichnete Land und Menschen aus.

Osternothafen, an der Ostküste der Swine, war ein beliebter Badeort. Der schlanke Leuchtturm leitete die Schiffe, wenn sie den Oderarm hinauffuhren.

Pasewalk war die wehrhafte Bastion Pommerns gegen Süden und später eine berühmte Garnisonstadt. Der „Kiek in de Mark“ ist eine der stolzen Wehrbauten.

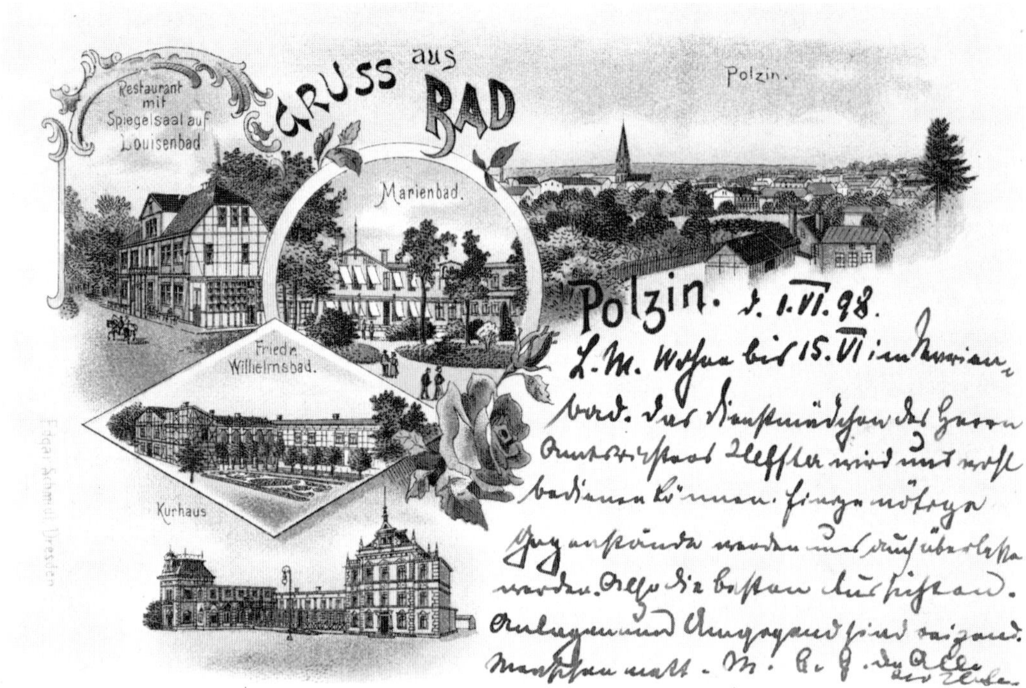


Bad Polzin. – Dieser Gruß wurde am 1. Juni 1898 während einer Kur im Marienbad geschrieben und vermerkt: „Anlagen und Umgebung sind reizend, Menschen nett“. Auch das Kurhaus, das Louisenbad und das Friedrich-Wilhelm-Bad wurden von vielen Badegästen besucht.

Bad Polzin, Mittelpunkt der „Pommerschen Schweiz“, hatte als Stahlmoorbad einen ausgezeichneten Ruf. Bereits 1688 wurden die eisenhaltigen Quellen entdeckt. Der prächtige Kurpark fand viele Besucher, die hier Erholung suchten.

Plathe an der Rega. – Das „Ostenschloß“ war ein Kulturzentrum mit weitbekanntem Ruf, mit reichen Kunstsammlungen und einer wertvollen Bibliothek. Vom „Blücherschloß“ blieb nur noch die Ruine erhalten.

Putbus auf Rügen war nicht nur eine vornehme Residenz, Miniaturausgabe eines Fürstensitzes mit Kursaal, Kurpark und dem berühmten Fechtertor, sondern auch das älteste Bad der Insel.

Pyritz. – Die alte Stadtmauer war vollständig erhalten, so daß man die Stadt liebevoll „das pommersche Rothenburg“ nannte.

Rügen. – Caspar David Friedrich hat die romantische Schlucht und die unvergleichliche Schönheit der „Kreidefelsen auf Rügen“ in seinem weltberühmten Gemälde festgehalten.

Preußisch Friedland war einst Sitz einer Vogtei des Deutschen Ritterordens, später ein verträumtes kleines Landstädtchen, am Flüßchen Dobrinka gelegen, umgeben von stillen Waldseen und tiefen Wäldern: ein Tier- und Vogelparadies.

Rügenwalde. – Im Schloß der Hansestadt residierten 14 Herzöge, darunter Erich, der skandinavische Unionskönig. Der kostbare Silberaltar der Marienkirche mit seinen 27 Platten wurde von dem kunstsinnigen Herzog Philipp II. gestiftet.

Rügenwaldermünde war das älteste preußische Seebad. Die alte Zugbrücke am Hafen war nicht nur ein Treffpunkt für jung und alt, sondern diente auch vielen Malern als Bildmotiv.

Rummelsburg — Marktplatz mit Kirche

Rummelsburg. – Die alte Tuchmacherstadt war Mittelpunkt des „buckligen Ländchens“, in dem sich in endloser Weite dichte Kiefernwälder dehnten. Otto von Bismarck erwarb Schloß und Gut Varzin, Max Schmeling lebte hier im Waldgut Ponickel.

Sassnitz, – Stubbenkammerfelsen. Die Ureinwohner der Insel waren die Rugier, die dem „grünen Kuhländchen“ den Namen gaben. Ihnen folgten die Ranen, die hier und in Arcona ihre Gottheiten verehrten.

Sassnitz hatte einen berühmten Badestrand mit großstädtischem Betrieb. Vom Fährhafen aus unternahm man nicht nur romantische Bootsfahrten, sondern fuhr hinüber nach Dänemark, Schweden und Finnland.

Schivelbein. – Das alte Schloß, eine Gründung der Herren von Wedel, ging später in den Besitz des Deutschen Ritterordens über, der hier 1384 eine Komturei errichtete. Schivelbein ist die Geburtsstadt des weltberühmten Pathologen Rudolf Virchow.

Schlawe mit seiner wuchtigen Marienkirche aus dem 14. Jahrhundert und dem Stolper und Kösliner Tor hatte schon im Mittelalter zahlreiche Mühlenanlagen und Wurst- und Fleischfabriken, von wo aus die „Rügenwalder Spickbrüste" in alle Welt gingen.

Schlochau hatte eine wechselvolle Geschichte. 1312 im Besitz des Deutschen Ritterordens. Von 1466 an polnisch, ab 1772 preußisch. Überragt wird sie von der Schloßkirche und dem Bergfried der Ordensburg.

Schneidemühl wurde 1772 preußisch und erlebte danach einen kolossalen Aufschwung. Nach dem ersten Weltkrieg wurde sie Provinz-Hauptstadt der Grenzmark Posen-Westpreußen und 1938 dritte pommersche Regierungsbezirkshauptstadt.

Schneidemühl war ein wichtiger Verkehrsknotenpunkt. Am 5. August 1899 schrieben die „treue Mama und Schwester", daß sie „speisen bei schönster Tafelmusik, gespielt von Ulanen" und auf den Zug warten, denn die Kaffeehalle stand hier „auf dem Perron".

Sellin war einer der beliebtesten Badeorte auf Mönchgut, vor der buchenbedeckten Bergwelt der Granitz gelegen. Die Landungsbrücke führte weit ins Meer hinaus, wo die beliebten Ausflugsdampfer anlegten.

Stargard. – Der schmucke Marktplatz mit dem wundervollen Renaissancegiebel des Rathauses, daneben die „Alte Wache", ein Barockbau mit Laubengang, und der machtvolle Umriß der Marienkirche, mit deren Bau im 13. Jahrhundert begonnen wurde.

Stettin. – Das Stadttheater der pommerschen Hauptstadt war ein Sprungbrett für viele Künstler in die Reichshauptstadt. Überall spürte man in Stettin, was man an ihrem berühmten Sohn Heinrich George bewunderte: „Den Stil des gewaltigen Herzens".

Stettin. Die Karte von 1898 „mit der Bitte um Revanchekarte" zeigt reizvoll zusammengestellt den alten Oderhafen und einen Schloßturm neben zwei Neubauten, auf die man offenbar stolz war.

Stolp war ein kultureller Mittelpunkt Ostpommerns. Das Mühlentor, das Neue Tor, der Turm der Schloßkirche und die gotische Backsteinkirche von St. Marien waren die Sehenswürdigkeiten der alten Hansestadt, die bereits 1310 deutsches Stadtrecht erhielt.

Stolp war die Stadt der „Roten Husaren" unter Fürst Blücher, der auf dem Marktplatz ein Denkmal erhielt. Einst war Stolp die Stadt der Bernsteindreher, später wurde sie zur Stadt des „Stolper Jungchens", der vom Bahnhof in die ganze Welt rollte.

Stettin. Die Koehnschen Schlepper hatten schon 1903, als diese Karte geschrieben wurde, ihren Liegeplatz an der Baumbrücke. Hinten sind noch die Holzklappen der „Langen Brücke“ erkennbar.

Ostseebad STOLPMÜNDE i. Pom.

Stolpmünde war der Vorhafen von Stolp, das 1381 der Hanse beitrat. Später entwickelte es sich zu einem beliebten Ostseebad, da der Strand hier sehr breit und der Dünensand besonders fein und weiß war.

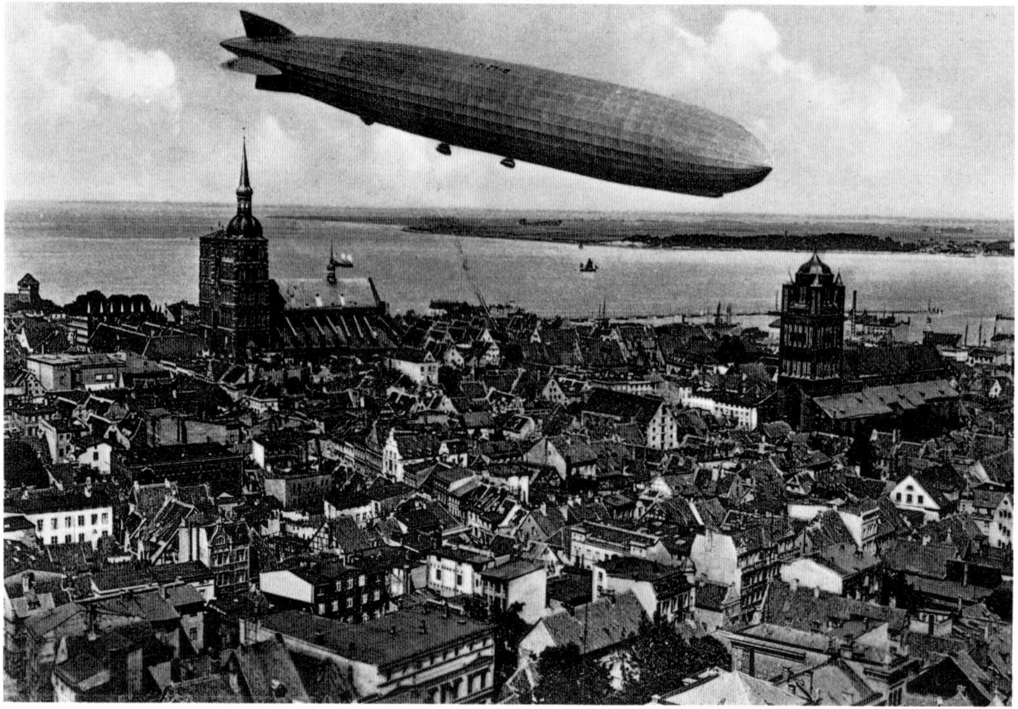

Stralsund war lange Zeit die „erste Stadt Pommerns". Ihr Gesicht wird vom Strelasund geprägt, der sich wie ein langer Silberstreifen zwischen dem Festland und der Insel Rügen dahinzieht und liebevoll die Altstadt umschließt, die wie aus dem Geist der Hanse geschaffen wirkt.

Stralsund. – Das prächtige Rathaus mit der offenen Halle, dahinter die Nicolaikirche mit dem 1366 entstandenen gewaltigen Turmpaar.

Wolgast. – Das Schloß der Pommernherzöge ist von 1330. Die Petrikirche stammt aus dem 14. Jahrhundert.

Rügen. Die 122 m hohen Kreidefelsen auf der Stubbenkammer tragen den stolzen Namen Königstuhl. Caspar David Friedrich hat die Landschaft gemalt, Ernst Moritz Arndt sie besungen: „O Land der dunklen Haine, o Land der blauen See, o Eiland, das ich meine, wie tut's nach dir mir weh!"

Swinemünde. – Der Hafen wurde erst 1743 am zur Wasserstraße ausgebauten Oderarm Swine angelegt. Swinemünde war zugleich aber auch der beliebteste Badeort der Berliner mit großzügigen Kuranlagen und einem eleganten Kurhaus.

Treptow an der Rega. – Hier wurde auf dem Landtag 1534 die Einführung der Reformation in Pommern durch Johann Bugenhagen, dem Verfasser der ersten plattdeutschen Bibelübersetzung, beschlossen. „Vetter Fritz, der Greifenberger" schrieb diese Karte an seine Clara am 22. 10. 1897.

Tribsees, Kreis Grimmen, wurde schon 1285 mit lübischem Recht begabt. Das Mühlentor, das Steintor und die aus dem 13. Jahrhundert stammende Thomaskirche sind die Schmuckstücke des noch heute geschlossenen Stadtbildes.

Ueckermünde wurde bereits 1276 als deutsche Stadt bezeichnet. Philipp I. baute 1546 ein prächtiges Schloß, denn die Ueckermünder Heide war seit altersher Jagdgebiet der Pommernherzöge. Später wurde die Stadt Mittelpunkt der Ziegelindustrie und hatte als Haffbad großen Zulauf.

Vilm, die kleine Insel im Rügischen Bodden war ein Paradies für Naturschwärmer und Künstler, die auf der mit riesigen Urwaldbäumen bestandenen gerölligen Steilküste ihre Zelte aufschlugen.

Schloß Wildenbruch, Kreis Greifenhagen. – Ein mächtiger Turm erinnert noch an die Burg des Deutschen Ritterordens, die 1234 erbaut wurde. Die Schwedter Markgrafen errichteten neben dem Turm einen dreiflügeligen Schloßbau.

Wollin – Markt mit Nikolaikirche.

Wollin. – Auf dem Marktplatz suchen noch heute die Archäologen nach der sagenumwobenen Stadt Vineta, die nun auf dem Meeresgrunde liegen soll. War sie das einst volkreiche Jumne oder die Jomsburg der Wikinger?

Zingst. Auf der Halbinsel mit ihrem steinfreien Strand und den bewaldeten Dünen gibt es noch viele einsame Bauern- und Fischerhäuser. In ihrem „Sünnenkringel"-Häuschen lebte Martha Müller-Grählert, die im fernen Japan einst das Lied schrieb: „Wo de Ostseewellen trecken an den Strand …"

Zinnowitz, am westlichen Zipfel der Insel Usedom gelegen, war ein beliebtes Ostseebad. Von der imposanten Landungsbrücke schickte Otto seinen Lieben am 3. 8. 1902 diesen herzlichen Gruß „bei schönem Freikonzert im Kurhaus“.

# Deutschland in alten Ansichtskarten

70 bis 130 teilweise farbige Ansichtskarten von 1880–1930
in Originalgröße, 21 x 15 cm, bis 128 Seiten, bedruckter Vorsatz,
gebunden mit Goldprägung, DM 19,80 bis 24,80

Aachen · Aalen · Aschaffenburg · Augsburg · Baden-Baden · Bamberg · Bayreuth · Bielefeld
Bremen · Bremerhaven · Breslau · Bromberg · Chemnitz · Coburg · Danzig · Darmstadt
Dortmund · Dresden · Düsseldorf · Eichstätt · Erlangen · Esslingen · Rund um den Feldberg/Ts.
Frankfurt/Main · Frankfurt-Bornheim · Frankfurt-Sachsenhausen · Freiburg · Freudenstadt
Fulda · Gelsenkirchen · Gießen · Bad Godesberg · Göppingen · Göttingen · Hamburg · Hanau
Hannover · Heidelberg · Heidenheim · Heilbronn · Bad Hersfeld · Holstein · Ingolstadt · Jena
Karlsruhe · Kassel · Kiel · Köln · Königsberg · Leipzig · Ludwigsburg · Ludwigshafen · Mainz
Mannheim · Marburg · Minden · Mülheim I · Mülheim II · München · Bad Nauheim · Neuss
Offenbach · Ostpreußen · Ovelgönne · Paderborn · Pforzheim · Prag · Reutlingen · Rostock
Saarbrücken · Sachsen · Schlesien · Schleswig (Landesteil) · Schwäbische Alb · Schwäbisch Gmünd
Starnberger See · Stauferburgen · Stettin · Stuttgart I · Stuttgart II · Trier · Ulm · Waiblingen
Wien · Wiesbaden · Worms · Würzburg · Wuppertal

FLECHSIG VERLAG FRANKFURT AM MAIN